NUNCA
sonrías a un
mono*

*Y otras 17 cosas importantes a recordar

Steve Jenkins

Editorial EJ Juventud
Provença, 101 – 08029 Barcelona

Todo el mundo sabe que los tigres, cocodrilos, tiburones
y otros grandes depredadores son peligrosos.
Pero muchos animales más pequeños son también
amenazas bien conocidas. Todos tratamos de evitar
las serpientes de cascabel, las arañas viudas negras
o las pirañas, por nombrar solo algunos.
Este libro trata de criaturas, grandes y pequeñas,
cuya naturaleza peligrosa no resulta tan obvia.
Sus dientes, garras, púas,
y veneno pueden ser mortales para un
humano desprevenido o demasiado confiado.
¿Por qué son tan peligrosos estos animales?
¿Y qué es lo que nunca deberías hacer si
te encontraras con alguno de ellos?

NUNCA
toques un ornitorrinco.

Este animal de aspecto tan peculiar parece inofensivo, incluso cómico con su andar de pato. No obstante, es el único mamífero venenoso. Tiene unos espolones venenosos en sus patas traseras y podría producirte una picadura muy dolorosa.

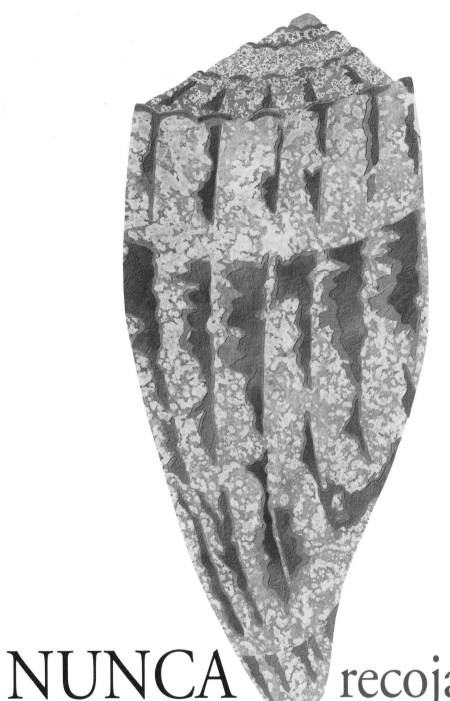

Si ves una de estas bonitas conchas en el suelo marino, tal vez estés tentado de recogerla. Sería un gran error. El caracol cónico caza y se defiende lanzando arpones venenosos. Su veneno es tan tóxico que la víctima puede morir a los pocos minutos de haber sido alcanzado por un arpón.

NUNCA recojas un caracol cono.

NUNCA acoses un hipopótamo.

Los hipopótamos matan
a más seres humanos
en África que cualquier
otro animal salvaje.
Si un hipopótamo
encuentra bloqueado
el camino hacia el agua,
o si piensa que su cría
está en peligro, entonces
cargará y atacará con
su enorme boca y sus
largos colmillos.

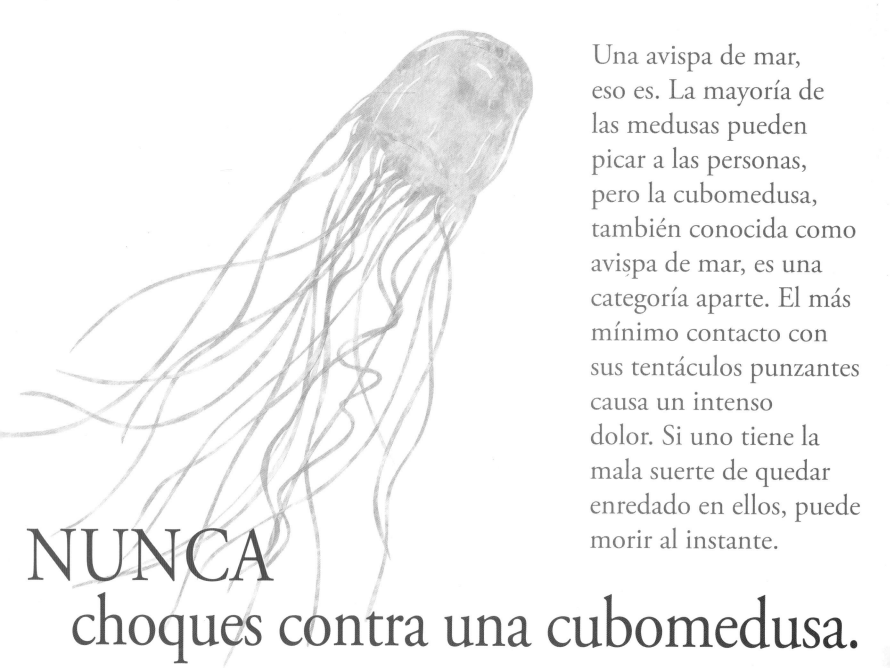

Una avispa de mar, eso es. La mayoría de las medusas pueden picar a las personas, pero la cubomedusa, también conocida como avispa de mar, es una categoría aparte. El más mínimo contacto con sus tentáculos punzantes causa un intenso dolor. Si uno tiene la mala suerte de quedar enredado en ellos, puede morir al instante.

NUNCA choques contra una cubomedusa.

NUNCA pises una raya látigo.

Normalmente las rayas látigo no atacan a las personas. Pero si se pisa una raya o se la asusta al nadar demasiado cerca de ella, la raya clava su largo y venenoso aguijón, como una acción refleja, en el cuerpo de cualquier animal o ser humano que percibe como una amenaza, produciendo serias heridas, e incluso puede causar la muerte.

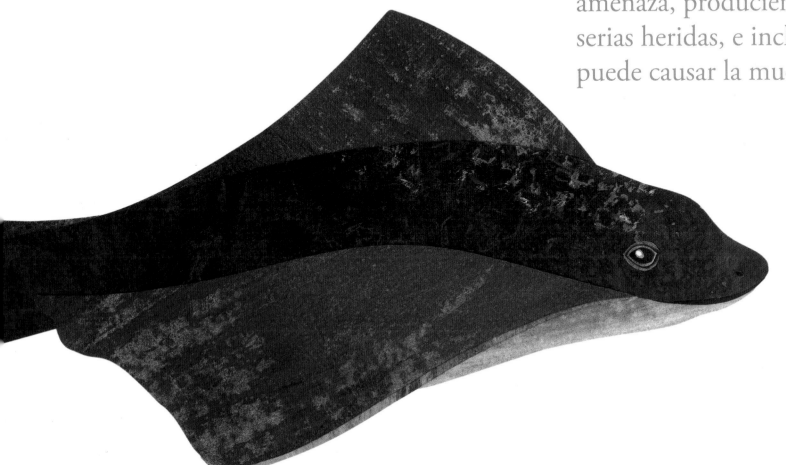

NUNCA intentes atrapar un sapo de caña.

Este gran sapo de aspecto familiar es un amable insectívoro. Es inofensivo, excepto por dos grandes bolsas de veneno cerca de su cuello. Si se aprietan, echan un chorro de veneno que puede provocar ceguera temporal, y a veces incluso la muerte.

NUNCA

cocines un pez globo.

El pez globo puede inflarse como una pelota, pero no es eso lo que lo hace tan peligroso. La carne de este pez contiene una toxina mortal que se mantiene incluso cocido, y, a menos que se sepa exactamente cómo extraerle el veneno, cocinarlo y comerlo puede resultar mortal.

NUNCA
acaricies un osezno.

Los osos negros intentan
evitar a los seres humanos
y son raramente agresivos,
con una excepción:
cuando la madre osa
cree que su cachorro se
encuentra en peligro.
Los oseznos son suaves y
graciosos y dan ganas de
acercarse a ellos, incluso,
insensatamente, tratar de
acariciarlos. No es una
buena idea, porque la
madre siempre está cerca.

NUNCA mires fijamente una cobra escupidora.

Si te cruzas con este reptil silbando y con el cuello en forma de capucha, probablemente sospecharás que es peligroso. Pero lo que no puedes imaginar es que puede escupir el veneno de sus colmillos a más de dos metros, apuntando directamente a los ojos; el veneno produce intenso dolor y puede causar ceguera permanente.

Esta colorida oruga
se convertirá en una
inofensiva polilla marrón.
Pero hasta que eso ocurra,
¡cuidado! Si tu piel
entra en contacto con
sus pelitos, produce un
intenso escozor. Sin
ayuda médica inmediata,
puede provocar
hemorragias, malestar
general e incluso
la muerte.

NUNCA
roces una
taturana.

NUNCA acorrales un casuario.

El casuario es un ave no voladora tan alta como un hombre. Aunque sea tímido y huya de los seres humanos, un casuario cogido por sorpresa o acorralado puede propinar una patada letal con sus afiladas garras.

NUNCA
fastidies
un búfalo
africano.

El búfalo africano, pariente de la vaca doméstica, es uno de los grandes animales más peligrosos del mundo. Tiene unos cascos cortantes, cuernos largos, y muy mal carácter. Más vale no tropezar con el búfalo africano, e incluso evitar cualquier lugar donde pueda hallarse, porque este animal impredecible puede atacar por sorpresa.

NUNCA
te acerques a un pez cirujano.

Este pez de arrecife de coral tiene una espina muy afilada en la base de la cola. Cuando está asustado, mueve la cola de un lado para otro produciendo cortes. Es un pez de acuario popular, pero se debe manipular con gran cuidado. Incluso un pez de pequeño tamaño puede causar lesiones graves y uno grande puede producir heridas mortales.

Este pulpo es tan pequeño que cabe en la palma de tu mano. Desgraciadamente, también es uno de los animales más venenosos del mundo. Con su puntiagudo pico pega un mordisco, que al principio no duele, pero sin ayuda médica el veneno puede provocar la muerte en menos de una hora.

NUNCA
molestes
un pulpo de
anillos azules.

NUNCA te enfrentes a un canguro.

El canguro macho se defiende boxeando con sus patas delanteras y dando coces con sus patas traseras. Cuando está muy irritado, el canguro puede asestar un golpe lo bastante fuerte como para hundir el pecho de una persona.

Normalmente este lagarto venenoso se mueve lentamente, pero si se asusta puede reaccionar con gran rapidez. Ataca la presa, el depredador o al desgraciado ser humano con sus poderosas mandíbulas. No tiene colmillos, pero al morder inyecta el veneno a través de sus dientes acanalados.

NUNCA importunes un lagarto moteado mexicano.

NUNCA
nades con un calamar.

En especial si es un calamar de Humboldt. La longitud de este fiero depredador del océano puede alcanzar los dos metros, y sus tentáculos están recubiertos con miles de dientes afilados. El calamar de Humboldt ataca con rapidez echando sus tentáculos alrededor de su víctima y arrancando pedazos de carne con su pico, puntiagudo como el de un loro.

Y un último consejo: ¡NUNCA sonrías a un mono!

Si sonríes a un macaco Rhesus, es posible que él interprete la exhibición de tu dentadura como un gesto agresivo y responda con violencia. Incluso un macaco de pequeño tamaño puede morder severamente con sus largos y afilados colmillos.

Para sobrevivir en la naturaleza, los animales tienen que encontrar o atrapar su comida. Al mismo tiempo tienen que evitar que sus depredadores los maten. Para ayudarlos, las criaturas de este libro disponen de armas que han adquirido a lo largo de millones de años. Los animales con las púas más puntiagudas, las mordeduras más feroces, o el veneno más poderoso son generalmente los más aptos para sobrevivir y para transmitir sus letales atributos a sus crías. Esto que les ayuda a sobrevivir puede resultar muy peligroso para los humanos incautos.

El **ornitorrinco** tiene más o menos el tamaño de un pequeño gato doméstico. Vive en el este de Australia y es una de las dos especies de mamíferos que ponen huevos en vez de parir las crías (el otro es el equidna). El ornitorrinco se alimenta de pequeños animales acuáticos e insectos utilizando receptores eléctricos especiales en su pico para captar los débiles campos eléctricos producidos por sus presas. El espolón venenoso del ornitorrinco macho no es mortal para los humanos, pero una picadura de este animal puede ocasionar un intenso dolor durante semanas.

Hay cientos de especies de **caracoles cono**. Todos son venenosos. La especie más mortífera es el caracol cono geógrafo que vive en los arrecifes del sudoeste del Pacífico e Índico. Tiene unos 15 centímetros de largo y debe su nombre a los diseños de su concha, parecidos a un mapa. El caracol cono se mueve despacio. Cuando pica a un gusano, a un pez u otro animal con su largo dardo venenoso, su potente veneno mata la víctima casi al instante, por eso no tiene necesidad de luchar o de huir nadando.

Los hipopótamos
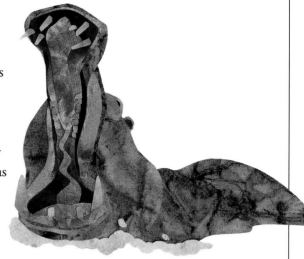
viven en grupos o manadas de cinco a cincuenta individuos en el centro y sur de África. Tienen una piel sensible. Para mantenerse frescos y evitar las quemaduras de sol, pasan las horas de sol sumergidos en un lago o un río con solo la cabeza emergiendo del agua. Por la noche salen a comer hierba y otras plantas. Un gran hipopótamo macho puede llegar a pesar más de 2700 kilos. Es el animal terrestre más grande, después del elefante. Los hipopótamos son territoriales y protegen ferozmente su espacio de río, que consideran suyo. Por eso son muy peligrosos para cualquier ser humano que se acerca demasiado.

La cubomedusa, también conocida como avispa de mar, tiene el veneno más mortífero de todos los animales. El contacto con los tentáculos punzantes de esta medusa ha ocasionado la muerte de más de 5000 seres humanos. La mayoría de las medusas se limitan a dejarse llevar por las corrientes del océano, pero la cubomedusa puede nadar muy rápido y cazar gambas y peces pequeños. Además es la única medusa con ojos, tiene 24 colocados alrededor de su campana. Su picadura mata su presa casi al instante, evitando así que al intentar escapar pueda dañar sus delicados tentáculos. La especie más peligrosa de cubomedusa tiene una campana del tamaño de una pelota de baloncesto y tentáculos de hasta tres metros de largo. Las tortugas verdes de mar se alimentan de las cubomedusas, pues son inmunes a su veneno.

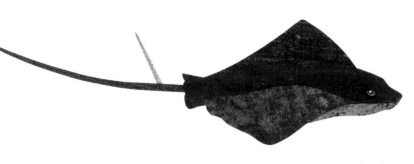

Las rayas látigo se encuentran en aguas costeras y poco profundas de mares templados, a menudo ocultas en la arena. Las rayas, al igual que sus parientes los tiburones, carecen de huesos. El esqueleto está formado de cartílago, el mismo tejido que hay dentro de tu nariz. Algunas rayas látigo no superan el tamaño de una mano humana, otras pueden llegar a medir más de 2 metros de ancho y pesar casi 360 kilos. Se alimentan de cangrejos, almejas, y otros pequeños animales del fondo marino. La raya se protege con una larga púa venenosa localizada en la base de la cola. En rayas grandes, esta púa puede alcanzar el tamaño del antebrazo de una persona.

Los osos negros se encuentran en 41 de los 50 estados de EEUU, en Canadá y el norte de México. Son omnívoros, se nutren de raíces, bayas, semillas, pescado, huevos, insectos y pequeños animales, incluso ciervos o alces jóvenes. Las osas pesan hasta 180 kilos, los machos pueden alcanzar los 300 kilos. Los cachorros sin embargo pesan menos de medio kilo al nacer, mucho menos que un niño recién nacido. Los osos negros tienen poderosas zarpas y dientes afilados. Saben nadar, trepar por los árboles, y correr casi tan rápido como los caballos. Es una suerte que por lo general sean pacíficos y huyan de los seres humanos. Se han producido algunos ataques de osos hambrientos, pero la mayoría de los encuentros nefastos con estos osos ocurren cuando una madre cree que sus cachorros están amenazados.

Los sapos de caña son originarios de América Central y América del Sur, pero fueron introducidos en Australia en 1935 para que acabaran con una plaga de escarabajos que atacaba la caña de azúcar. Desde entonces se han reproducido con gran rapidez y hoy constituyen ellos una importante plaga. Muchos animales australianos en vías de extinción han sido envenenados al intentar comer sapos de caña. Con sus patas completamente extendidas, los sapos de caña pueden alcanzar 46 centímetros de largo. Al igual que la mayoría de los sapos, se alimentan de insectos y pequeños animales, pero también comen alimentos para perros, basura y carroña.

Existen más de 100 especies de **peces globo.** El más pequeño cabría en una cucharilla de té. El más grande mide más de 60 centímetros. Se alimentan de algas y crustáceos y moran en las cálidas aguas de los mares de todo el mundo. Para disuadir a los depredadores, los peces globo ingieren agua y se hinchan como globos cubiertos de espinas. Si, a pesar de todo, un agresor lograra atrapar un pez globo, probablemente moriría envenenado por el potente veneno que hay en su cuerpo. La misma toxina puede resultar mortal para el ser humano que a veces se come este pez. En Japón, se llama *fugu* y es considerado un manjar, pero solo los chefs especialmente entrenados están autorizados a prepararlo. Aun así, una pequeña cantidad de veneno permanece en su carne. La gente que come *fugu* disfruta del adormecimiento que el veneno produce en los labios y la lengua.

Varias especies de diferentes **cobras escupidoras** viven en África. La más grande recientemente descubierta por científicos en Kenia alcanza los 2,75 metros de largo. De hecho, estas serpientes venenosas no escupen; lanzan el veneno –encapsulado en unas glándulas de la parte delantera de sus colmillos– con una expulsión brusca de aire de sus pulmones. Pueden también utilizar sus colmillos para inyectar el veneno y una sola mordedura puede resultar fatal para el ser humano.

La taturana, o *Lonomia,* es la larva de una polilla que vive en el sur de Brasil. No pica como una abeja ni muerde como una araña: su cuerpo está cubierto con pelos altamente venenosos que se desprenden y se clavan en la piel del desafortunado que la toque. Las taturanas pueden alcanzar los 5 centímetros. Comen las hojas de varios tipos de árboles y arbustos.

El casuario vive en Nueva Guinea y noreste de Australia. Es la tercera ave más grande del mundo, después del avestruz y del emú. Las hembras son más grandes que los machos y pueden alcanzar 2 metros de altura. El casuario tiene una protuberancia ósea, llamado «casco», que le distingue de las demás aves y con el que se abre camino en la densa vegetación de su hábitat. Se defiende dando fuertes patadas y desgarrando al enemigo con sus zarpas. Come fruta, insectos, ranas y serpientes.

El búfalo africano, también llamado búfalo cafre, o búfalo del Cabo, se agrupa en manadas y pasta en los bosques y sabanas de África Central y del Sur. Un macho puede llegar a pesar 900 kilos, como un coche pequeño. Los búfalos africanos tienen muy mal carácter y son impredecibles, y cargarán contra cualquier animal que vean como una amenaza. Son capaces de atacar y matar un león adulto.

El pez cirujano, a veces llamado pez tang, vive en los arrecifes de coral de los mares templados y tropicales. Estos coloridos peces se nutren de algas y su máxima longitud no supera los 50 centímetros. El cirujano se defiende con dos afiladas protuberancias en la base de la cola, que normalmente permanecen recogidas en los costados,

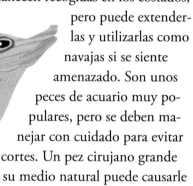

pero puede extenderlas y utilizarlas como navajas si se siente amenazado. Son unos peces de acuario muy populares, pero se deben manejar con cuidado para evitar cortes. Un pez cirujano grande en su medio natural puede causarle severas lesiones a un buceador.

El cuerpo del **pulpo de anillos azules** tiene el tamaño de una pelota de ping-pong, y aun con sus ocho tentáculos extendidos solo mide 20 centímetros de ancho. Este pequeño animal es uno de los más venenosos de la tierra. Vive en las lagunas y los arrecifes del Pacífico, desde Australia hasta Japón, donde se nutre de cangrejos y pequeños peces que atrapa con su pico afilado. Normalmente tiene un color ocre, pero cuando está asustado aparecen brillantes anillos azules y manchas en su piel. No hay antídoto para su veneno, pero si se consigue mantener en vida a su víctima con respiración asistida durante 24 horas, o más, puede reponerse de una mordedura sin ninguna secuela.

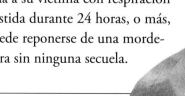

Todos los canguros son marsupiales, las hembras llevan a sus crías dentro de una bolsa donde les dan de mamar.

Los canguros rojos, los más grandes, se encuentran en toda Australia. Miden de promedio un metro y medio, aunque algunos machos alcanzan los 2 metros y 90 kilos. En distancias cortas, un canguro puede correr más rápido que un caballo de carreras. También es capaz de saltar más de 7,5 metros de largo de un solo salto. Los canguros viven en grupos, llamados «turbas», y pastan hierbas y plantas.

El lagarto moteado mexicano, o lagarto enchaquirado, es uno de los pocos lagartos venenosos que hay en el mundo. Los otros son el monstruo de Gila y el dragón de Komodo. Los lagartos moteados viven en las áreas boscosas de México y Guatemala. Comen huevos de aves y reptiles, ocasionalmente también pequeños mamíferos y llegan a medir hasta 90 centímetros de largo. Una mordedura de este lagarto es muy dolorosa para los seres humanos, pero raras veces es letal.

Los calamares de Humboldt son depredadores agresivos y rápidos nadadores. Viven en el océano Pacífico Oriental, en bancos que agrupan más de 1000 individuos. Se alimentan de peces, gambas y otros calamares, y solo viven un año. Por suerte, generalmente se mueven en las profundidades, pero algunos buceadores y pescadores han sufrido ataques en aguas poco profundas. A pesar de su gran tamaño –llegan a medir 2 metros de largo–, para escapar de algún peligro son capaces de dar grandes saltos fuera del agua, por ello se les conoce también como «calamares voladores».

Los macacos Rhesus viven en las praderas y los bosques de la India y del Sudeste Asiático. En su hábitat se alimentan de fruta, hojas, y pequeños animales, pero hoy son una plaga en muchas ciudades, donde roban comida, hurgan en las basuras y a veces amenazan a las personas. Estos primates viven en grupos de hasta 200 miembros. Tienen una estructura social compleja y usan sonidos, gestos, y expresiones faciales para comunicarse entre ellos. Los macacos Rhesus miden unos 50 centímetros de alto y pesan alrededor de 7 kilos.

Otros títulos de Steve Jenkins publicados por Editorial Juventud:

PERROS Y GATOS

¿QUÉ HARÍAS CON UNA COLA COMO ESTA?

TAMAÑO REAL

PERROS Y GATOS

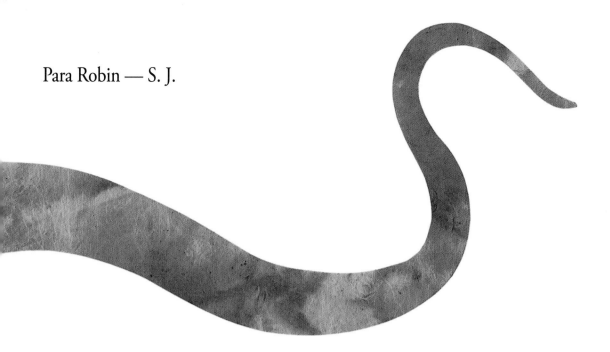

Para Robin — S. J.

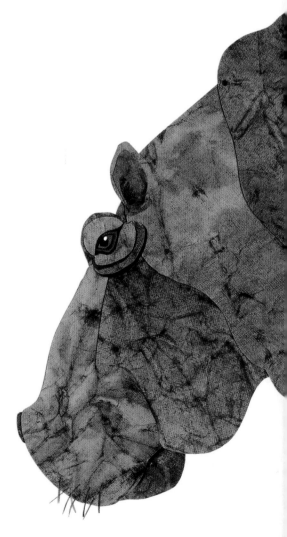

Título original: Never Smile at a Monkey
Texto e ilustraciones © Steve Jenkins, 2009
Publicado con el acuerdo de Houghton Mifflin Harcourt Publishing Company, Nueva York

© de la traducción castellana:
EDITORIAL JUVENTUD, S.A., 2015
Provença, 101- 08029 Barcelona
info@editorialjuventud.es
www.editorialjuventud.es

Traducción al castellano: Christiane Scheurer y Teresa Farran

Primera edición, 2015

ISBN: 978-84-261-4217-7

DL B 9763-2015
Núm. de edición de E. J.: 13.065

Printed in Spain
Impuls 45, Avda. Sant Julià, 1044-112 - 08403 Granollers (Barcelona)